A Kalmus Classic Edition

Franz

LISZT

WEIHNACHTSBAUM

12 EASY PIECES

CONTENTS

I. Psallite (Old Christmas Song) 2

II. O heilige Nacht (O Holy Night) .5

III. Die Hirten an der Krippe (The Shepherds at the Manger) 8

IV. Adeste Fideles (March of the Three Holy Kings) 12

V. Scherzoso (Little Scherzo "Lighting the Tree") 17

VI. Carillon (Chimes) 22

VII. Schlummerlied (Slumber Song) 28

VIII. Altes provenzalifches Weihnachtslied (Old Provincial Christmas Song) 33

IX. Abendglocken (Evening Bells) 36

X. Ehemals (Old Times) 43

XI. Ungarisch (Hungarian) 48

XII. Polnisch (Polish) 52

PIANO SOLO

K 09951

I.
Psallite

Altes Weihnachtslied | *Vieux chant de Nöel.*
Old Christmas Song.

Franz Liszt

Allegro non troppo

II.

O heilige Nacht

Weihnachtslied nach einer alten Weise
O Holy Night

Franz Liszt

III.
Die Hirten an der Krippe
(In dulce jubilo.)

Les Bergers á la crèche | *The Shepherds at the Manger*

Franz Liszt

Pedal jede erste Hälfte der Takte
Pedal every first-half of the measure.

10

Pedal jede erste Hälfte
der Takte
Pedal every first-half of
the measure.

IV.
Adeste Fideles

(Gleichsam als Marsch der heiligen drei Könige)

March of the Three Holy Kings

Franz Liszt

Tempo di Marcia moderato

Ad — e ste fi de les

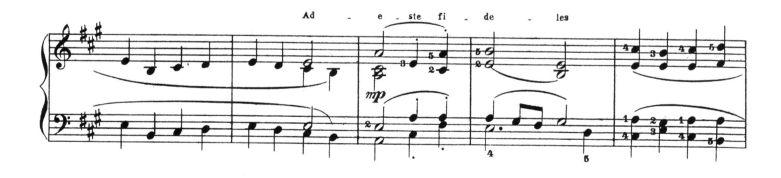

cresc.

V.
Scherzoso

Man zündet die Kerzen des Baumes an
Little Scherzo „*Lighting the Tree*"

Franz Liszt

VI.
„Carillon"

Chimes

Franz Liszt

VII.

Schlummerlied

Berceuse | *Slumber Song*

Franz Liszt

sempre dolce, un poco espressivo

VIII.
Altes provenzalisches Weihnachtslied

Ancien Noël provençal | *Old provincial Christmas Song*

Franz Liszt

IX.
Abendglocken

Cloches du soir | *Evening bells*

Franz Liszt

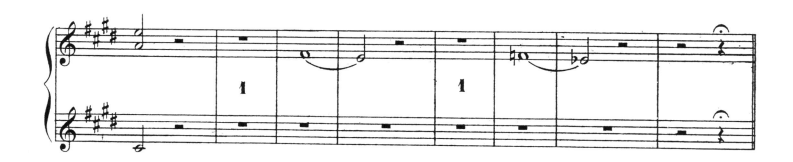

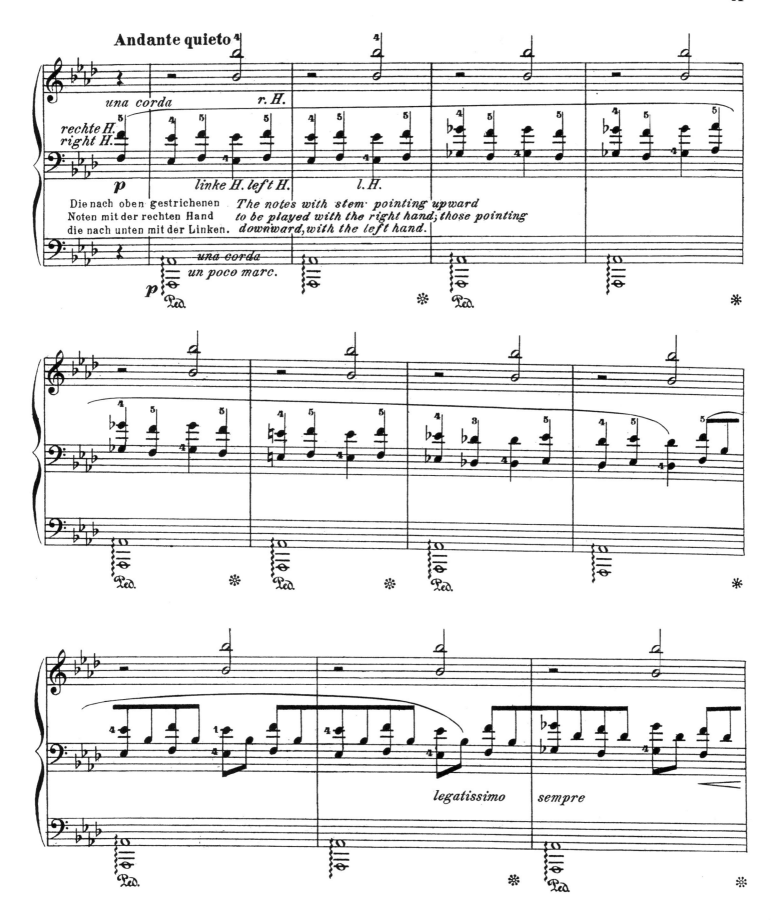

X.
Ehemals

Jadis *Old times*

Franz Liszt

XI.
Ungarisch

Hongrois / *Hungarian*

Franz Liszt
à Kornel Abránqi

Maestoso (Tempo di Marcia)

XII.
Polnisch

Polonais | *Polish*

Franz Liszt

Tempo di Mazurka.